Einfach das Leben genießen!

Christin Geweke

Einfach das Leben genießen!

Lieblingskuchen
und Impulse für
eine schöne Zeit

Hölker Verlag

INHALT

New York Cheesecake 8

Erdbeer-Scones 11

Russische Zupftorte 12

Stachelbeer-Baiser-Tarte 16

Double Chocolate Brownie Bites 19

Buttermilch-Mandel-Gugelhupf 20

Cassis-Cupcakes 25

Beeren-Pavlova 26

Frozen Cheesecake 29

Schoko-Quark-Gugelhupf 30

Veganer Cashew-Käsekuchen 35

Rhabarber-Tarte 36

Cheesecake-Törtchen 39

Brombeer-Mascarpone-Tartelettes 42

Johannisbeer-Zitronen-Kuchen 45

Carrot Cake 46

Marzipan-Ricotta-Kuchen 50

Berry Sponge Cake 53

Whoopies mit Frischkäse-Füllung 54

Quark-Mohn-Kuchen 59

Johannisbeer-Schnecken 60

Haferflockenkekse 63

Wiener Topfentorte 66

Tartelettes mit Schokofüllung 69

Blaubeer-Blondies 70

Macadamia-Ecken 75

Chocolate Cheesecake 76

FEEL-GOOD-TIPPS

Lebe den Moment 15

Genieße die kleinen Dinge 23

Geteiltes Glück ist doppeltes Glück 33

In der Ruhe liegt die Kraft 41

Glück beginnt bei dir 49

Mach's dir schön 57

Nimm dir Zeit für dich 65

Sei dankbar 73

TU DIR ETWAS GUTES UND GENIESSE DAS LEBEN!

Wann hast du dich das letzte Mal gefragt, was dir so richtig guttut? Und vor allem, wann hast du das dann in die Tat umgesetzt?

Wenn du lange überlegen musst, ist es nun an der Zeit, dir darüber Gedanken zu machen. Wie wäre es z. B. mit einem Stück Gugelhupf oder einem Cheesecake-Törtchen? Beides lässt sich wunderbar allein, zu zweit, mit der Familie oder Freunden genießen – ganz so, wie du es magst. Sind es doch diese kleinen Glücksmomente, die das Leben ausmachen.

NEW YORK CHEESECAKE

**FÜR 1 SPRINGFORM
(Ø 26 CM)**

Für den Boden:

200 g Vollkorn-Butterkekse

90 g Butter

2 TL Zucker

¼ TL Meersalz

1 Prise Zimt

Für die Füllung:

*800 g Doppelrahm-
Frischkäse*

2 EL Speisestärke

180 g Zucker

130 ml Sahne

1 TL Vanilleextrakt

*1 TL Abrieb von
1 Bio-Zitrone*

2 EL Zitronensaft

*1 Ei (Größe L),
leicht verquirlt*

Außerdem:

Butter für die Form

Den Backofen auf 180 °C vorheizen. Den Boden der Spring-form mit Backpapier auslegen, den Rand buttern.

Für den Boden die Kekse in einen Gefrierbeutel füllen und mit dem Nudelholz fein zerstoßen. Die Butter zerlassen und mit Kekskrümeln, Zucker, Salz und Zimt mischen. Die Keks-masse in der Springform verteilen, gut am Boden andrücken und einen kleinen Rand formen. Den Boden ca. 10 Minuten vorbacken, aus dem Ofen nehmen und die Ofentemperatur auf 160 °C reduzieren. Den unteren Teil der Form sorgfältig mit Alufolie abdichten.

Für die Füllung den Frischkäse behutsam cremig rüh-ren. Stärke darübersieben, Zucker zugeben und alles ver-mengen. Anschließend Sahne, Vanilleextrakt, Zitronen-abrieb und -saft unterziehen, das Ei untermengen. Die Frischkäsemasse auf den vorgebackenen Boden geben und glatt streichen.

Die Form in ein tiefes Backblech stellen, dieses 2 cm hoch mit heißem Wasser füllen. Den Cheesecake im Wasserbad in den Ofen stellen und ca. 50 Minuten backen. Der Ku-chen ist fertig, wenn er in der Mitte noch etwas feucht ist, er backt anschließend noch nach. Den Kuchen bei leicht geöffneter Ofentür mind. 1 Stunde abkühlen lassen. An-schließend herausnehmen und auf einem Gitter komplett auskühlen lassen. Mindestens 3 Stunden oder über Nacht in den Kühlschrank stellen.

Tipp

In der Weihnachtszeit kann man die Butterkekse durch Spekulatius ersetzen oder dem Boden weitere Gewürze wie Kardamom oder Ingwerpulver zufügen.

ERDBEER-SCONES

Die Erdbeeren waschen, trocken tupfen, putzen und je nach Größe vierteln oder achteln. Die Pinienkerne in einer Pfanne ohne Fett unter häufigem Rühren goldbraun rösten, anschließend grob hacken.

Den Backofen auf 220 °C vorheizen. Mehl, Backpulver, Salz und Zucker in einer Schüssel mischen. Die kalte Butter würfeln, zufügen und mit den Fingern unterkneten. Das Ei mit der Milch verquirlen, die Mischung in die Schüssel geben und alles zu einem glatten, leicht klebrigen Teig verkneten. Erdbeeren, Pinienkerne und Zitronenabrieb kurz untermengen.

Den Teig auf der bemehlten Arbeitsfläche mit leicht bemehlten Händen zu einem 2,5 cm dicken Fladen flach drücken und daraus Kreise (Ø 6 cm) ausstechen. Mit braunem Zucker bestreuen. Die Scones auf ein mit Backpapier ausgelegtes Backblech setzen und in 15–17 Minuten goldbraun backen.

Tipp

Die Scones schmecken auch mit Himbeeren und grob gehackten karamellisierten Mandeln.

FÜR CA. 6 KLEINE SCONES

*60 g Erdbeeren
(alternativ TK-Erdbeeren,
nicht aufgetaut)
25 g Pinienkerne
300 g Mehl
1 TL Backpulver
1 Prise Salz
30 g Zucker
60 g kalte Butter
1 Ei
100 ml Milch
Abrieb von ½ Bio-Zitrone*

Außerdem:
*Mehl für die Arbeitsfläche
1 EL brauner Zucker zum
Bestreuen*

RUSSISCHE ZUPFTORTE

**FÜR 1 SPRINGFORM
(Ø 26 CM)**

Für den Boden:

200 g Mehl
1 TL Backpulver
2 EL Kakaopulver
150 g Zucker
125 g Butter
1 Ei

Für die Füllung:

4 Eier
1 Prise Salz
125 g zimmerwarme Butter
125 g Zucker
1 Pck. Vanillezucker
500 g Quark
(40 % Fettanteil)
1 Pck. Vanillepuddingpulver

Außerdem:

Butter für die Form

Den Backofen auf 180 °C vorheizen. Den Boden der Springform mit Backpapier auslegen, den Rand sorgfältig buttern.

Für den Boden Mehl mit Backpulver und Kakao mischen. Zucker, Butter und das Ei zufügen und alles zu einem geschmeidigen Teig verkneten. Die Hälfte des Teiges gleichmäßig auf dem Boden der Springform verteilen und fest andrücken. Die andere Teighälfte in Frischhaltefolie wickeln und bis zur Weiterverarbeitung in den Kühlschrank legen.

Für die Füllung die Eier trennen. Die Eiweiße mit dem Salz zu steifem Eischnee schlagen. In einer großen Schüssel Butter und beide Zucker schaumig schlagen. Quark, Puddingpulver und nach und nach die Eigelbe langsam unterrühren, bis alles gut vermischt ist. Anschließend den Eischnee behutsam unterheben. Die Füllung auf dem Teigboden verteilen und glatt streichen. Den restlichen Teig aus dem Kühlschrank nehmen und in Flocken auf den Kuchen bröseln.

Die Zupftorte ca. 40 Minuten im Ofen backen. Anschließend herausnehmen und auf einem Kuchengitter auskühlen lassen.

Tipp

Wer mag, formt mit den Händen aus dem Teig für das Topping kleine Tupfen, die gleichmäßig auf die Füllung gelegt werden und aus der Zupftorte einen echten Hingucker machen … oder eben eine »Tupftorte«.

FEEL-GOOD-TIPP

LEBE DEN MOMENT

Versuche, jeden Moment bewusst zu leben und dich darauf
zu konzentrieren, was du gerade tust. Wie oft hetzen
wir durch den Tag, machen verschiedene Dinge gleichzeitig
und sind nicht bei der Sache. Dabei kann es unglaublich
erfüllend sein, sich mit Hingabe einer Sache zu widmen
und „im Flow" zu sein. Aus solchen Momenten schöpfst du
Kraft und Erfüllung für den hektischen Alltag.

STACHELBEER-BAISER-TARTE

FÜR 1 TARTE- ODER SPRINGFORM (Ø 26 CM)

Für den Teig:

180 g Mehl

25 g gemahlene Haselnüsse

1½ TL Backpulver

1 Prise Salz

60 g Zucker

3 Eigelb

Mark von 1 Vanilleschote

100 g zimmerwarme Butter

Für den Belag:

*500 g grüne oder rote
Stachelbeeren (alternativ
Stachelbeeren aus dem Glas,
ca. 390 g Abtropfgewicht)*

2 EL gemahlene Haselnüsse

Für das Baiser:

3 Eiweiß

125 g Puderzucker

1 TL Limettensaft

Außerdem:

*Butter und Mehl
für die Form*

Für den Teig Mehl, Haselnüsse, Backpulver, Salz und Zucker in einer Schüssel mischen. Eigelbe, Vanillemark und Butter zugeben und alles zu einem glatten Teig verarbeiten.

Den Backofen auf 190 °C vorheizen, die Form gründlich buttern und mit Mehl ausstäuben, überschüssiges Mehl herausklopfen. Für den Belag die Stachelbeeren verlesen, waschen und trocken tupfen. Den Teig gleichmäßig in der Form verteilen (auch bei Verwendung einer Springform einen 2,5–3 cm hohen Rand formen) und mit gemahlenen Haselnüssen bestreuen. Die Stachelbeeren daraufgeben.

Für das Baiser die Eiweiße in einer Schüssel steif schlagen, dabei Puderzucker und Limettensaft untermischen. Den Eischnee wellenförmig auf den Stachelbeeren verstreichen und die Tarte in 30–35 Minuten goldbraun backen. Sollte das Baiser gegen Ende der Backzeit zu dunkel werden, kann die Tarte locker mit Backpapier abgedeckt werden. Anschließend aus dem Ofen nehmen und kurz abkühlen lassen. Dann aus der Form lösen und in Stücke schneiden.

DOUBLE CHOCOLATE
BROWNIE BITES

Den Backofen auf 180 °C vorheizen. Die Backform sorg-fältig mit Backpapier auslegen.

Die Zartbitterschokolade in Stücke brechen und mit der Butter unter gelegentlichem Rühren über dem nicht allzu heißen Wasserbad schmelzen, anschließend abkühlen lassen. Mehl mit Kakao mischen.

Eier und Zucker schaumig schlagen. Kaffee, Vanillemark und Salz untermischen. Anschließend zunächst die Schokoladenmischung, dann die Mehlmischung nach und nach unterrühren. Die Schokoladendrops oder Chocolate Chunks unterheben. Den Teig gleichmäßig in die Form füllen, glatt streichen und 25–28 Minuten backen. Er sollte innen noch leicht feucht sein.

Den Brownie anschließend etwas abkühlen lassen und aus der Form heben. Mit Kakaopulver bestäuben und in kleine Häppchen schneiden. Am besten noch lauwarm und nach Belieben mit kleinen Zahnstochern servieren.

FÜR 1 QUADRATISCHE BACKFORM (CA. 24 CM)

200 g Zartbitterschokolade
150 g Butter
130 g Mehl
1,5 EL Kakaopulver
5 Eier
160 g Zucker
3 EL frisch gebrühter Kaffee, abgekühlt
Mark von 1 Vanilleschote
1 Prise Salz
80 g kleine Vollmilchschokoladendrops oder Chocolate Chunks (alternativ klein gehackte Vollmilchschokolade)

Außerdem:
Kakaopulver zum Bestäuben

BUTTERMILCH-MANDEL-GUGELHUPF

FÜR 1 GUGELHUPF-FORM (Ø 22 CM)

Für den Teig:

180 g zimmerwarme Butter
180 g Zucker
1 Pck. Vanillezucker
4 Eier
280 g Mehl
100 g geschälte gemahlene Mandeln
1 Pck. Backpulver
30 g Speisestärke
180 ml Buttermilch
140 g gemischte Waldbeeren nach Wahl (alternativ TK-Waldbeeren, aufgetaut)
1 EL Honig

Für den Guss:

125 g Puderzucker
2–3 EL Zitronensaft

Außerdem:

Butter und Mehl für die Form
40 g Mandelblättchen zum Bestreuen

Für den Teig die Butter mit Zucker und Vanillezucker schaumig schlagen. Die Eier nacheinander unterrühren. Mehl, Mandeln, Backpulver und Stärke vermengen und in mehreren Schritten abwechselnd mit der Buttermilch unter den Teig rühren. Die Beeren verlesen, vorsichtig waschen, trocken tupfen und ggf. putzen. Mit dem Honig fein pürieren.

Den Backofen auf 180 °C vorheizen. Die Gugelhupfform sorgfältig buttern und mit Mehl ausstäuben, überschüssiges Mehl herausklopfen. Die Hälfte des Teiges in die Form füllen. Den restlichen Teig mit den pürierten Beeren mischen und ebenfalls in die Form füllen. Beide Teige mithilfe einer Gabel spiralförmig verquirlen. Den Gugelhupf 50–55 Minuten backen (Stäbchenprobe machen!). Aus dem Ofen nehmen und 10 Minuten abkühlen lassen. Dann aus der Form stürzen und vollständig auskühlen lassen.

Die Mandelblättchen in einer Pfanne ohne Fett unter häufigem Rühren goldbraun rösten. Den Puderzucker mit dem Zitronensaft zu einem streichfähigen Guss glatt rühren und über den Gugelhupf gießen. Mit den Mandelblättchen bestreuen und die Glasur fest werden lassen.

GENIESSE DIE KLEINEN DINGE

Hast du den Duft der ersten Tasse Kaffee am Morgen bewusst wahrgenommen? Die ersten Sonnenstrahlen genossen, die den nahenden Frühling ankündigen? Dir Zeit genommen für Menschen, die dir wichtig sind? Oft sind es die kleinen Dinge, die unseren Alltag bereichern und uns ein Lächeln ins Gesicht zaubern. Nimm dir die Zeit, dich daran zu erfreuen!

CASSIS-CUPCAKES

Den Backofen auf 180 °C vorheizen, ein Muffinblech mit zwölf Vertiefungen mit Papierförmchen auslegen.

Für den Teig die Beeren vorsichtig waschen, trocken tupfen und von den Rispen streifen. Die Butter in einem kleinen Topf zerlassen. Eier, Zucker und Vanillezucker in einer Schüssel schaumig schlagen. Butter, Milch und Buttermilch mischen und nach und nach unterrühren. Mehl, Mandeln, Backpulver und Salz vermengen und rasch untermischen. Zitronensaft und -abrieb einrühren und die Beeren behutsam unterheben. Den Teig auf die Förmchen verteilen. Das Blech in den Ofen schieben und die Muffins in 15–18 Minuten goldbraun backen (Stäbchenprobe machen!). Anschließend aus dem Ofen nehmen und kurz abkühlen lassen. Dann aus den Mulden heben und vollständig auskühlen lassen.

Für das Frosting die Butter cremig rühren, dabei den Cassissirup unterziehen. Die Buttermasse mit dem Frischkäse glatt rühren, dann nach und nach den gesiebten Puderzucker untermischen. Die Creme in einen Spritzbeutel füllen und auf die ausgekühlten Muffins spritzen oder mit einer Palette darauf verstreichen. Die Cupcakes nach Belieben mit Johannisbeeren, Minze und Puderzucker garnieren.

FÜR 12 CUPCAKES

Für den Teig:

200 g Schwarze Johannisbeeren
100 g Butter
3 Eier
175 g Zucker
1 Pck. Vanillezucker
50 ml Milch
50 ml Buttermilch
150 g Mehl
50 g gemahlene Mandeln
1 EL Backpulver
1 Prise Salz
Saft und Abrieb von ½ Bio-Zitrone

Für das Frosting:

200 g zimmerwarme Butter
3 EL Cassissirup
200 g Doppelrahm-Frischkäse
250 g Puderzucker

Außerdem:

Nach Belieben Schwarze Johannisbeeren, Minzeblättchen und Puderzucker zum Garnieren

BEEREN-PAVLOVA

**FÜR 1 KLEINE PAVLOVA
BZW. 6 PERSONEN**

Für das Baiser:

*4 zimmerwarme Eiweiß
(140–150 g)
1 Prise Salz
200 g Zucker
2 TL Speisestärke
1 TL Weißweinessig
2 TL passiertes Himbeer-
püree (alternativ Himbeerkonfitüre ohne Kerne)*

Für die Füllung:

*200 ml Sahne
1–2 EL Puderzucker
Mark von 1 Vanilleschote
1 TL Bio-Zitronenabrieb
200 g gemischte Beeren
(z. B. Himbeeren, Blau-
beeren, Johannisbeeren,
Erdbeeren)*

Den Backofen auf 150 °C vorheizen, ein Backblech mit Backpapier auslegen und darauf mit Bleistift dünn einen Kreis (ø 20 cm) einzeichnen. Für das Baiser die Eiweiße mit dem Salz halbsteif schlagen. Nach und nach den Zucker einrieseln lassen, dabei weitermixen, bis eine sehr steife, glänzende Masse entsteht, die kleine Spitzen bildet. Die Speisestärke sieben und mit dem Essig untermischen.

Die Baisermasse gleichmäßig mit einer Palette oder einem Teigschaber 4–5 cm hoch in den vorgezeichneten Kreis auf das Blech streichen, dabei auf der Oberfläche eine flache Mulde formen. Mit einer Kuchengabel am Rand spiralförmig etwas Beerenpüree einarbeiten, sodass das Baiser rundherum eine schöne Marmorierung erhält. Die Ofentemperatur auf 120 °C reduzieren und die Pavlova ca. 1 Stunde backen. Anschließend im ausgeschalteten, leicht geöffneten Ofen vollständig auskühlen lassen. (Falls die Pavlova zu dunkel geworden ist, den Ofen ruhig ganz öffnen.)

Für die Füllung die Sahne steif schlagen, dabei den Puderzucker, das Vanillemark und den Zitronenabrieb untermischen. Die Beeren verlesen, vorsichtig waschen, trocken tupfen und ggf. putzen. Größere Beeren halbieren bzw. vierteln. Die Sahne auf der ausgekühlten Pavlova verstreichen oder mithilfe eines Spritzbeutels aufspritzen. Die Beeren darauf verteilen.

FROZEN CHEESECAKE

Den Boden der Springform mit Backpapier auslegen.

Für den Boden die Butterkekse in einen Gefrierbeutel geben und mit dem Nudelholz fein zerstoßen. Die Butter zerlassen und mit Kekskrümeln, gemahlenen Haselnüssen und Zucker vermengen. Die Mischung gleichmäßig in der Springform verteilen und fest am Boden andrücken. Für 30 Minuten ins Gefrierfach stellen.

Für die Füllung die Blaubeeren fein pürieren, durch ein Sieb passieren und mit dem Honig vermengen. In einer Schüssel Frischkäse, Mascarpone und Joghurt cremig rühren. Zucker, Zitronensaft und Vanillemark untermischen. 200 g der Füllung abnehmen und mit dem Blaubeerpüree mischen. Die violett gefärbte Creme gleichmäßig auf dem Keksboden verstreichen und die Form erneut für 45 Minuten ins Gefrierfach stellen. Währenddessen die helle Creme in den Kühlschrank stellen. Anschließend glatt rühren und vorsichtig auf der Blaubeerfüllung verstreichen. Den Cheesecake für mindestens 3 Stunden gefrieren lassen.

Den Kuchen vor dem Servieren 20 Minuten antauen lassen und nach Belieben mit essbaren Blüten garnieren.

Tipp

Wer keine frischen Blaubeeren für die Füllung bekommt, kann auch auf tiefgekühlte Beeren zurückgreifen. Dann sollte man jedoch darauf achten, sie gut auftauen und abtropfen zu lassen, damit sie nicht zu viel Flüssigkeit abgeben.

FÜR 1 SPRINGFORM (Ø 20 CM)

Für den Boden:
80 g Vollkorn-Butterkekse
60 g Butter
30 g gemahlene Haselnüsse
1 EL Zucker

Für die Füllung:
150 g frische Blaubeeren
30 g flüssiger Honig
150 g Doppelrahm-Frischkäse
250 g Mascarpone
100 g Naturjoghurt
40 g Zucker
1 EL Zitronensaft
Mark von 1 Vanilleschote

Außerdem:
Nach Belieben essbare Blüten (z. B. getrocknete Lavendelblüten) zum Garnieren

SCHOKO-QUARK-GUGELHUPF

FÜR 1 GUGELHUPF-FORM (Ø 22 CM)

Für den Teig:

180 g Mehl

3 EL Kakaopulver

1 gehäufter TL Backpulver

1 Prise Salz

½ TL Zimt

80 g Zartbitterschokolade
(mind. 60 % Kakaoanteil)

130 g zimmerwarme Butter

130 g Muscovado-Zucker

2 Eier

75 ml Milch

Mark von 1 Vanilleschote

Für die Füllung:

250 g Quark
(40 % Fettanteil)

60 g Zucker

2 TL Speisestärke

1 TL Abrieb von
1 Bio-Orange

1 Ei

1 Eigelb

Außerdem:

Butter für die Form

Kakaopulver für die Form

Die Gugelhupfform gründlich buttern und mit Kakaopulver ausstäuben. Den Backofen auf 160 °C vorheizen.

Für den Teig Mehl, Kakao, Backpulver, Salz und Zimt mischen und beiseitestellen. Die Schokolade über dem heißen Wasserbad langsam unter Rühren schmelzen und abkühlen lassen. Butter und Zucker schaumig schlagen, die Eier nacheinander unterrühren. Milch, Vanillemark und die flüssige Schokolade ebenfalls zufügen und kurz unterschlagen. Dann die Mehlmischung unter den Teig heben, bis alles gut vermengt ist.

Für die Füllung Quark mit Zucker, gesiebter Stärke und Orangenabrieb cremig rühren, Ei und Eigelb kurz untermixen. Nicht zu lange rühren, damit die Füllung schön fluffig wird.

Die Hälfte des Teiges in die Form füllen. Darauf mittig die Füllung verteilen, sodass die Ränder der Form ausgespart werden. Den restlichen Teig gleichmäßig darübergeben. Den Gugelhupf 50–60 Minuten im Ofen backen. Anschließend herausnehmen, abkühlen lassen und für mindestens 6 Stunden in den Kühlschrank stellen. Nach Belieben mit Kakaopulver bestäubt servieren.

GETEILTES GLÜCK IST DOPPELTES GLÜCK

Was gibt es Schöneres, als bei einem leckeren Stück Kuchen
mit der besten Freundin über Gott und die Welt zu
plaudern? Dem Nachbarn bei der Gartenarbeit zur Hand
zu gehen und danach die Früchte der gemeinsamen
Arbeit zu ernten? Die Familie zu einem Picknick einzu-
laden, um das herrliche Wetter zu genießen? Fast alles
im Leben macht einfach mehr Freude, wenn du diese
Freude mit lieben Menschen teilen kannst.

VEGANER CASHEW-KÄSEKUCHEN

Für die Füllung die Cashewkerne für mindestens 6 Stunden, besser aber über Nacht, in kaltem Wasser einweichen.

Für den Boden Walnüsse und Mandeln in einen Mixer geben und grob zerkleinern, in einer Schüssel beiseitestellen. Feigen oder Datteln, Meersalz, Kokosöl und 1 Esslöffel Wasser in den Mixer geben und auf höchster Stufe pürieren, bis sich eine klebrige Masse formt. Walnüsse und Mandeln zufügen und mixen, bis die Masse gut zusammenhält, dabei aber nicht zu fein mahlen. Den Teig in die Springform geben und gleichmäßig am Boden andrücken.

Für die Füllung die Cashewkerne abgießen und mit kaltem Wasser abspülen. Mit Zitronenabrieb und -saft, Kokosöl, Ahornsirup, Kokosmilch und Vanillemark in den Mixer geben und auf höchster Stufe zu einer feinen, cremigen Masse pürieren. Die Füllung glatt auf dem Boden verstreichen oder mit einem Löffel ein wellenförmiges Muster hineindrücken. Den Kuchen abgedeckt für mindestens 8 Stunden in den Kühlschrank stellen, bis die Masse fest geworden ist.

Die Feigen putzen, vierteln und auf der Füllung verteilen. Ahornsirup über die Feigen träufeln. Nach Belieben mit Meersalzflocken bestreuen.

Tipp

Wer keinen Hochleistungsmixer besitzt, kann die Cashewkerne durch Cashewmus aus dem Glas ersetzen.

FÜR 1 SPRINGFORM (Ø 24 CM)

Für den Boden:
120 g Walnüsse
250 g Mandeln
30–35 Soft-Feigen oder
20 Medjool Datteln
1 Prise Meersalz
2 EL zerlassenes Kokosöl

Für die Füllung:
400 g Cashewkerne
Abrieb und Saft von
2 Bio-Zitronen
200 g zerlassenes Kokosöl
200 g Ahornsirup
240 g vollfette Kokosmilch
Mark von 1 Vanilleschote

Für das Topping:
8 frische Feigen
2 EL Ahornsirup
Nach Belieben Meersalzflocken zum Bestreuen

RHABARBER-TARTE

**FÜR 1 FLACHE TARTE-
FORM MIT HERAUS-
NEHMBAREM BODEN
(Ø 23 ODER 24 CM)**

Für den Boden:

150 g Mehl
75 g gemahlene Haselnüsse
40 g Puderzucker
1 Pck. Vanillezucker
100 g kalte Butter in Stücken
1 Ei

Für die Füllung:

50 g weiße Schokolade
*250 g Doppelrahm-
Frischkäse*
Mark von 1 Vanilleschote
2 EL Zucker
1 TL Speisestärke
1 Ei (Größe S)

Für den Belag:

3–5 Stangen Rhabarber

Außerdem:

Butter für die Form
Mehl für die Arbeitsfläche
Puderzucker zum Bestäuben

Für den Boden das Mehl mit gemahlenen Haselnüssen und beiden Zuckern in einer Schüssel mischen. Butter und Ei zufügen und alles rasch zu einem glatten Teig verkneten. Diesen zu einer Kugel formen, in Frischhaltefolie wickeln und für 45 Minuten kalt stellen.

Die Tarteform gründlich buttern. Den Teig auf der bemehlten Arbeitsfläche ca. 3 mm dünn ausrollen und die Tarteform damit komplett auskleiden. Den Boden mehrfach mit einer Gabel einstechen.

Den Backofen auf 175 °C vorheizen. Für die Füllung die weiße Schokolade in Stücke brechen und über dem heißen Wasserbad schmelzen, kurz abkühlen lassen. Den Frischkäse mit Vanillemark, Zucker und Stärke cremig rühren. Das Ei und die geschmolzene Schokolade zügig untermengen. Die Mischung auf den Tarteboden geben und glatt streichen.

Für den Belag den Rhabarber putzen, schälen, in kleine Stücke schneiden und auf der Füllung verteilen. Die Tarte ca. 35 Minuten backen. Falls der Teigrand zu dunkel wird, die Tarte in den letzten 10 Minuten mit Backpapier abdecken. Die Tarte aus dem Ofen nehmen, abkühlen lassen und vor dem Servieren mit Puderzucker bestäuben.

CHEESECAKE-TÖRTCHEN

Den Backofen auf 180 °C vorheizen. Je nach Art die Förmchen gut buttern. Für die Böden die Kekse in einen Gefrierbeutel geben und mit dem Nudelholz fein zerstoßen. Die Butter zerlassen und mit Kekskrümeln, Zucker, Salz und Zimt mischen. Die Keksmasse auf 8 Förmchen verteilen und gut am Boden festdrücken. Die Böden 8–10 Minuten vorbacken. Anschließend aus dem Ofen nehmen und auskühlen lassen. Die Ofentemperatur auf 140 °C reduzieren.

Für die Füllung den Frischkäse mit dem Quark in einer Schüssel cremig rühren, bis keine Klümpchen mehr zu sehen sind. Das Mehl darübersieben und mit beiden Zuckern, Salz und Zitronenabrieb untermischen. Dann nach und nach vorsichtig die Eigelbe unterrühren. Nicht zu lange mixen.

Die Füllung gleichmäßig auf den Keksböden verteilen und die Törtchen in 40–45 Minuten fertig backen. Sollten sie zu dunkel werden, locker mit Backpapier abdecken. Die Cheesecakes anschließend aus dem Ofen nehmen, auf einem Gitter auskühlen lassen und vorsichtig aus den Förmchen lösen.

Tipp

Am besten eignet sich für die Zubereitung ein Mini-Törtchen-Blech mit Dessertringen, man kann aber auch ein klassisches Muffinblech oder Förmchen aus Silikon verwenden, aus denen sich die kleinen Cheesecakes fertig gebacken besonders leicht und ohne größere Schäden lösen lassen – Papierförmchen gehen natürlich auch, dann ist beim Herauslösen allerdings etwas Fingerspitzengefühl gefragt.

FÜR 8 TÖRTCHEN

Für die Böden:
150 g Vollkorn-Butterkekse
70 g Butter
20 g Rohrrohrzucker
1 Prise Meersalz
1 Prise Zimt

Für die Füllung:
500 g Doppelrahm-
Frischkäse
100 g Quark
(20 % Fettanteil)
2 EL Mehl
100 g Zucker
1 Pck. Vanillezucker
1 Prise Meersalz
Abrieb von ½ Bio-Zitrone
3 Eigelb

Außerdem:
Evtl. Butter
für die Förmchen
Nach Belieben frische
Früchte zum Garnieren

IN DER RUHE
LIEGT DIE KRAFT

Einen vollen Terminkalender und lange To-do-Listen
pflegen wir wohl alle. Um die vielen Termine und
Erledigungen besser unter einen Hut zu bekommen, hilft
es dir vielleicht, Prioritäten zu setzen und dich zu fragen:
Was ist wirklich wichtig? Was eilt und was hat Zeit?
Viele Dinge lassen sich effektiver erledigen, wenn du dich
ihnen in Ruhe widmest und ab und zu eine Pause ein-
legst. Sei es, indem du dir eine Tasse Tee aufbrühst, eine
Meditationsübung machst oder dir ein Nickerchen gönnst.

BROMBEER-MASCARPONE-TARTELETTES

FÜR 6 TARTELETTE-FÖRMCHEN (Ø 10 CM)

Für den Teig:
100 g Mehl
50 g gemahlene Mandeln
50 g zimmerwarme Butter
50 g Mascarpone
50 g Puderzucker
1 Prise Salz

Für die Füllung:
75 ml Sahne
Mark von 1 Vanilleschote
180 g weiße Schokolade
125 g Mascarpone
350–400 g Brombeeren

Außerdem:
Butter und Mehl
für die Förmchen
Mehl für die Arbeitsfläche
Puderzucker zum Bestäuben

Für den Teig alle Zutaten in einer Schüssel mischen und zu einem geschmeidigen, weichen Teig verkneten. Zu einer Kugel formen, in Frischhaltefolie wickeln und für 30 Minuten kalt stellen.

Den Backofen auf 190 °C vorheizen. Die Tarteletteförmchen buttern und mit etwas Mehl ausstäuben, überschüssiges Mehl herausklopfen. Den Teig auf der bemehlten Arbeitsfläche ca. 4 mm dick ausrollen und die Förmchen damit auskleiden, dabei die Ränder gut andrücken. Die Böden mehrfach mit einer Gabel einstechen. Die Tartelettes ca. 15 Minuten im Ofen backen. Dann herausnehmen und in den Förmchen auskühlen lassen.

Für die Füllung die Sahne mit dem Vanillemark in einem kleinen Topf aufkochen. Die Schokolade in Stücke brechen. Den Topf vom Herd nehmen und die Schokolade in der heißen Vanillesahne unter Rühren schmelzen. Die Masse abkühlen lassen, bis sie etwas fester wird. Dann den Mascarpone nach und nach untermischen.

Die Brombeeren verlesen, vorsichtig waschen und trocken tupfen. Die ausgekühlten Teigböden behutsam aus den Förmchen lösen. Die Schokoladen-Mascarpone-Creme bis kurz unter den Rand einfüllen und glatt streichen. Mit den Brombeeren garnieren. Die Tartelettes für mindestens 2 Stunden kalt stellen, bis die Creme fest geworden ist. Mit Puderzucker bestäubt servieren.

JOHANNISBEER-ZITRONEN-KUCHEN

Den Backofen auf 180 °C vorheizen. Die Kastenform gründlich buttern und mit Mehl ausstäuben, überschüssiges Mehl herausklopfen. Mehl, Backpulver und Salz in eine Schüssel sieben. In einer weiteren Schüssel Butter und Zucker cremig rühren, den Zitronenabrieb und das Vanillemark zufügen. Die Eier nacheinander unterschlagen. Anschließend abwechselnd esslöffelweise die Mehlmischung und die Crème fraîche einrühren. Die Mandeln unterheben.

Die Johannisbeeren vorsichtig waschen, trocken tupfen und von den Rispen streifen. Ein Drittel des Teiges in die Form füllen und mit der Hälfte der Johannisbeeren bestreuen. Wieder eine Schicht Teig und eine Schicht Beeren einfüllen, den restlichen Teig daraufgeben und glatt streichen. Den Kuchen 40 Minuten backen, dann mit Backpapier abdecken und in weiteren 15–20 Minuten fertig backen (Stäbchenprobe machen!).

Den Kuchen aus dem Ofen nehmen und 5 Minuten abkühlen lassen. Währenddessen braunen Zucker und Zitronensaft verrühren und über den noch heißen Kuchen träufeln. Den Kuchen vorsichtig aus der Form stürzen und auf einem Kuchengitter vollständig auskühlen lassen.

Tipp

Dieser einfache Kuchen schmeckt mit Himbeeren, Blaubeeren oder Brombeeren mindestens genauso gut.

FÜR 1 KASTENFORM (25 CM)

240 g Mehl
2 TL Backpulver
1 Prise Salz
120 g zimmerwarme Butter
200 g Zucker
Abrieb und Saft von 1 Bio-Zitrone
Mark von 1 Vanilleschote
3 Eier
100 g Crème fraîche
40 g gemahlene Mandeln
150 g Rote Johannisbeeren (alternativ TK-Johannisbeeren, aufgetaut)
80 g brauner Zucker

Außerdem:
Butter und Mehl für die Form

45

CARROT CAKE

**FÜR 1 SPRINGFORM
(Ø 26 CM)**

Für den Möhrenboden:

4 Eier
1 Prise Salz
*330 g Möhren (Gewicht
mit Schale)*
130 g gemahlene Mandeln
130 g gemahlene Haselnüsse
110 g Rohrohrzucker
2 EL Mehl
1 Pck. Backpulver
½ TL Zimt
Abrieb von 1 Bio-Zitrone

Für das Topping:

*300 g Doppelrahm-
Frischkäse*
150 g zimmerwarme Butter
1 TL Vanilleextrakt
125 g Puderzucker

Außerdem:

Butter für die Form
*Nach Belieben gehackte
Mandeln oder Haselnüsse
zum Bestreuen*

Den Backofen auf 180 °C vorheizen. Den Boden der Spring-form mit Backpapier auslegen, den Rand buttern.

Für den Teig die Eier trennen. Die Eiweiße mit dem Salz steif schlagen. Die Möhren putzen, schälen und fein ras-peln. Möhren, Eigelbe, gemahlene Mandeln und Hasel-nüsse, Zucker, Mehl, Backpulver, Zimt und Zitronenabrieb in einer Schüssel verrühren. Nach und nach behutsam den Eischnee unterheben. Den Teig gleichmäßig in der Spring-form verteilen und 40–45 Minuten backen. Anschließend aus dem Ofen nehmen, den Kuchen aus der Form nehmen und auf einem Gitter vollständig auskühlen lassen.

Für das Topping Frischkäse, Butter und Vanilleextrakt in einer Schüssel cremig rühren, bis keine Klümpchen mehr zu sehen sind. Dann den Puderzucker in mehreren Schritten unterrühren. Die Frischkäsecreme gleichmäßig auf dem Boden verstreichen und nach Belieben mit gehackten Man-deln oder Haselnüssen bestreuen. Für mindestens 1 Stunde kalt stellen.

GLÜCK
BEGINNT BEI DIR

Während Kinder mit Begeisterung neue Dinge aus-
probieren, droht dieser Drang im Laufe des Lebens
verloren zu gehen, weil die alltäglichen Pflichten viel
Energie rauben oder uns vielleicht der Mut fehlt, dabei
auch einmal zu scheitern. Dabei lohnt es sich, Neues aus-
zuprobieren und dabei über sich hinauszuwachsen.
Du willst einen hohen Berg besteigen, trotz Höhenangst?
Mit dem Bulli durch Europa reisen, obwohl du noch
nie in deinem Leben gezeltet hast? Trau dich, du bist
deines eigenen Glückes Schmied!

MARZIPAN–
RICOTTA–KUCHEN

**FÜR 1 SPRINGFORM
(Ø 20 CM)**

*200 g Marzipanrohmasse
100 g zimmerwarme Butter
4 Eier
170 g Ricotta
1½ TL Abrieb von
1 Bio-Zitrone
1½ TL Abrieb von
1 Bio-Orange
½ TL Bittermandelextrakt
20 g Mehl*

Außerdem:

*Butter für die Form
1 Handvoll Mandelblättchen
für die Form
1 Handvoll Pinienkerne
Puderzucker zum Bestäuben*

Den Backofen auf 175 °C vorheizen. Die Springform sorgfältig buttern und mit Mandelblättchen ausstreuen.

Das Marzipan raspeln und in einer Schüssel mit der Butter cremig rühren. Die Eier nach und nach unterschlagen. Ricotta, Zitronen- und Orangenabrieb sowie das Bittermandelextrakt zufügen und unterrühren. Das Mehl auf die Masse sieben und mit einem Löffel unterziehen.

Die Teigmasse in die Form geben und glatt streichen.

Mit Pinienkernen bestreuen und im Ofen 20–25 Minuten backen (Stäbchenprobe machen!). Dabei sollte kein Teig am Holzstäbchen haften bleiben. Den Ricottakuchen aus dem Ofen nehmen, abkühlen lassen, aus der Form nehmen und vor dem Servieren mit Puderzucker bestäuben.

BERRY SPONGE CAKE

Den Backofen auf 190 °C vorheizen und die Böden zweier Springformen mit Backpapier auslegen, die Ränder buttern und mit Mehl bestäuben, überschüssiges Mehl herausklopfen.

Für den Teig die Butter in einem kleinen Topf zerlassen. Die Eier trennen. Die Eigelbe mit Zucker und Vanillezucker in 3 Minuten schaumig schlagen, 100 ml warmes Wasser zugeben und die Mischung ca. 8 Minuten weiterschlagen, bis sie dickschaumig ist. Die abgekühlte Butter einrühren. Mehl, Backpulver und Salz darübersieben und kurz untermischen. Die Eiweiße steif schlagen und behutsam unterheben.

Den Teig gleichmäßig auf beide Springformen verteilen und nacheinander in 20–22 Minuten goldbraun backen. Aus dem Ofen nehmen und kurz abkühlen lassen. Dann die Kuchenböden aus den Formen lösen und auf einem Kuchengitter vollständig auskühlen lassen.

Für die Füllung die Sahne steif schlagen, dabei Puderzucker, Zitronensaft und -abrieb untermischen. Die Beeren verlesen, vorsichtig waschen, trocken tupfen und ggf. putzen. Größere Beeren halbieren. Einen Boden mit der Oberseite nach unten auf eine Kuchenplatte legen, gleichmäßig mit der Konfitüre einstreichen und mit den Beeren bestreuen, dabei etwas Platz zum Rand lassen. Die Sahnemischung auf der Unterseite des zweiten Kuchenbodens verstreichen, dann diesen mit der bestrichenen Seite nach unten auf den unteren Boden setzen. Den Sponge Cake mit Beeren und Zitronenabrieb garnieren und mit reichlich Puderzucker bestäuben.

FÜR 2 SPRINGFORMEN (Ø 20 CM)

Für den Teig:

30 g Butter + Butter
für die Formen
4 Eier (Größe L)
275 g Zucker
1 Pck. Vanillezucker
200 g Mehl + Mehl
für die Formen
1 TL Backpulver
1 Prise Salz

Für die Füllung:

200 ml Sahne
1–2 EL Puderzucker
1 TL Saft und Abrieb von
½ Bio-Zitrone
200 g gemischte Beeren
(z. B. Himbeeren, Johannisbeeren, Blaubeeren
oder Brombeeren)
5 EL Himbeerkonfitüre

Außerdem:

1–2 Handvoll
gemischte Beeren
Zitronenabrieb
zum Garnieren
Puderzucker zum Bestäuben

WHOOPIES MIT FRISCHKÄSE-FÜLLUNG

FÜR 15 WHOOPIES

Für den Teig:

150 g Mehl
2 gehäufte EL Kakaopulver
1 TL Backpulver
1 Prise Meersalz
70 g zimmerwarme Butter
100 g Zucker
1 Ei (Größe L),
leicht verquirlt
1 TL Vanilleextrakt
125 ml Buttermilch

Für die Füllung:

125 g Doppelrahm-
Frischkäse
125 g zimmerwarme Butter
1 TL Abrieb von
1 Bio-Orange
125 g Puderzucker

Den Backofen auf 180 °C vorheizen. Zwei Bleche mit Backpapier auslegen. Für den Teig Mehl, Kakao, Backpulver und Salz in einer Schüssel mischen. Butter und Zucker in einer anderen Schüssel cremig rühren. Ei und Vanilleextrakt nach und nach unterrühren. Dann abwechselnd die Mehlmischung und die Buttermilch untermixen, bis ein fluffiger Teig entstanden ist.

Die Teigmasse in einen Spritzbeutel füllen und 30 runde, gleichmäßige Teighäufchen (ø 2,5–3 cm) mit etwas Abstand zueinander auf die Bleche spritzen. Nacheinander 12–14 Minuten backen. Anschließend herausnehmen und auf einem Gitter komplett auskühlen lassen.

Für die Füllung den Frischkäse mit der Butter und dem Orangenabrieb cremig rühren, bis keine Klümpchen mehr zu sehen sind. Den Puderzucker nach und nach untermixen, bis eine dicke, helle Creme entstanden ist. Von der Füllung mithilfe eines Spritzbeutels je einen runden Klecks auf die flache Seite einer Whoopiehälfte spritzen. Eine andere Hälfte obenauf setzen und leicht andrücken.

Tipp

Wer mag, kann die Füllung noch mit einigen zerbröselten Butterkeksen mischen, so bekommt sie einen leichten Crunch.

FEEL-GOOD-TIPP

MACH'S DIR SCHÖN

Bring etwas Farbe in deinen Alltag und mach es dir zu
Hause so richtig schön! Dafür musst du nicht gleich
deine Wände streichen oder in neue Möbel investieren.
Ein Strauß Blumen, ein sorgfältig gedeckter Tisch und
Kerzenlicht sorgen für gute Stimmung, dazu ein liebevoll
zubereitetes Mahl – du wirst sehen, das füllt nicht nur
den Magen, sondern wärmt auch das Gemüt.

QUARK-MOHN-KUCHEN

Für den Teig das Mehl auf die Arbeitsfläche sieben. In die Mitte eine Mulde drücken, Zucker, Salz und Eigelb hineingeben. Die Butter zufügen und alles zu einem geschmeidigen Teig verkneten. In Frischhaltefolie wickeln und für 30 Minuten in den Kühlschrank legen.

Für die Füllung die Milch mit der Butter, 25 g Zucker und der Hälfte des Zitronenabriebs aufkochen. Den Topf vom Herd nehmen, den Mohn einrühren und abgedeckt quellen lassen. Die Mohnmischung beiseitestellen. Das Ei trennen. Quark, Schmand, Eigelb, gesiebte Stärke, den restlichen Zitronenabrieb sowie den Zitronensaft gut verrühren. Das Eiweiß steif schlagen, dabei den übrigen Zucker einrieseln lassen. Den Eischnee behutsam unter die Quarkmasse heben.

Den Backofen auf 180 °C vorheizen. Den Boden der Springform mit Backpapier auslegen, den Rand sorgfältig buttern.

Den Teig auf der bemehlten Arbeitsfläche rund ausrollen (ca. ø 26 cm) und die Form damit auskleiden, dabei einen 3 cm hohen Rand formen. Die Mohnmischung auf den Teig geben und verstreichen, dann die Quarkmasse darauf verteilen. Den Kuchen im unteren Drittel des Ofens ca. 40 Minuten backen. Damit der Kuchen eine schöne Farbe bekommt, die Temperatur für die letzten 10 Minuten auf 200 °C erhöhen.

Den fertigen Kuchen zunächst 30 Minuten bei leicht geöffneter Ofentür ruhen lassen, dann herausnehmen und auf einem Kuchengitter in der Form auskühlen lassen. Nach Belieben mit heißen Kirschen servieren.

FÜR 1 SPRINGFORM (Ø 20 CM)

Für den Boden:
125 g Dinkelmehl
25 g Rohrohrzucker
1 Prise Meersalz
1 Eigelb
65 g kalte Butter in Stücken

Für die Füllung:
60 ml Milch
25 g Butter
85 g Rohrohrzucker
Abrieb von ½ Bio-Zitrone
125 g gemahlener Mohn
1 Ei
250 g Quark
(20 % Fettanteil)
100 g Schmand
1 EL Speisestärke
2 TL Zitronensaft

Außerdem:
Mehl zum Ausrollen
Butter für die Form
Nach Belieben heiße
Kirschen zum Servieren

JOHANNISBEER-SCHNECKEN

FÜR 20–22 KLEINE SCHNECKEN

Für den Teig:

*250 g Mehl + Mehl
für die Arbeitsfläche*

1 Prise Salz

20 g Zucker

1 Pck. Vanillezucker

*25 g Butter + Butter
für die Form*

15 g Frischhefe

*100 ml lauwarme Milch
+ Milch zum Bepinseln*

1 Ei

Für die Füllung:

30 g Butter

30 g Zucker

2 TL Zimt

½ TL Kardamom

*125 g Rote Johannisbeeren
(alternativ TK-Johannisbeeren, nicht aufgetaut)*

Für die Glasur:

125 g Puderzucker

2 EL Milch

1 TL Zitronensaft

Für den Teig Mehl, Salz, Zucker und Vanillezucker in einer Schüssel vermengen. Die Butter in einem kleinen Topf zerlassen. Die Hefe zerbröseln und in der lauwarmen Milch auflösen. Die Hefemilch mit der abgekühlten zerlassenen Butter und dem Ei zur Mehlmischung geben und alles in ca. 5 Minuten zu einem geschmeidigen Teig verkneten. Die Schüssel mit Frischhaltefolie abdecken und den Teig 1½ Stunden gehen lassen.

Für die Füllung die Butter in einem kleinen Topf zerlassen. Den Teig auf der bemehlten Arbeitsfläche zu einem ca. 20 x 40 cm großen und ca. 3 mm dünnen Rechteck ausrollen und mit der Butter bestreichen, dabei auch die Ränder bepinseln. Zucker, Zimt und Kardamom mischen und gleichmäßig auf die Butter streuen, dabei am oberen langen Ende einen kleinen Rand aussparen. Die Johannisbeeren behutsam waschen, trocken tupfen und von den Rispen streifen. Gleichmäßig auf der Zuckermischung verteilen. Den Teig von der unteren Längsseite her eng aufrollen und in 20–22 ca. 2 cm dicke Scheiben schneiden. Die Scheiben mit mindestens 1 cm Abstand in eine gebutterte Form (ca. 20 x 30 cm) setzen, mit Frischhaltefolie abdecken und weitere 30 Minuten gehen lassen.

Den Backofen auf 190 °C vorheizen. Die Schnecken mit Milch bepinseln und in 20–25 Minuten goldbraun backen. Für die Glasur Puderzucker, Milch und Zitronensaft verrühren und die lauwarm abgekühlten Schnecken damit verzieren.

HAFERFLOCKENKEKSE

Butter und Zucker in einer Schüssel cremig rühren. Das Ei mit dem Mandelmus untermischen. In einer anderen Schüssel Mehl, Backpulver, Zimt und Salz vermengen. Die Mehlmischung unter die Buttermasse rühren. Dann Haferflocken, Mandeln und Kokosraspel untermengen. Den Teig abgedeckt ca. 30 Minuten kalt stellen.

Den Backofen auf 180 °C vorheizen und ein Backblech mit Backpapier auslegen. Jeweils 1 gehäuften Teelöffel Teig am besten mit leicht angefeuchteten Händen zu einer Kugel formen und auf das Blech setzen. Ein wenig flach drücken. Zwischen den Teigkugeln genügend Abstand lassen, da sie etwas auseinanderlaufen.

Das Blech in den Ofen schieben und die Kekse in 15–17 Minuten goldbraun backen. Sie erscheinen dann noch etwas weich, härten aber noch nach. Auf einem Kuchengitter auskühlen lassen.

FÜR CA. 24 KEKSE

100 g weiche Butter
100 g Kokosblütenzucker
(alternativ brauner Zucker)
1 Ei
1 EL Mandelmus
100 g Mehl
1 TL Backpulver
1/4 TL gemahlener Zimt
1 Prise Salz
100 g zarte Haferflocken
50 g fein gehackte Mandeln
40 g Kokosraspel

FEEL·GOOD·TIPP

NIMM DIR ZEIT FÜR DICH

Nimm dir Zeit für dich und tu einmal nur das, was
dir guttut – sei es ein entspannter Spaziergang, ein
ausgiebiges Bad oder ein Nachmittag auf dem Sofa mit
einem dicken Schmöker. So ein bisschen Exklusivzeit
für dich lässt deine Batterien wieder aufladen, und du
kannst dich voller Energie ins Leben stürzen.

WIENER TOPFENTORTE

**FÜR 1 SPRINGFORM
(Ø 24 CM)**

4 Eier
125 g zimmerwarme Butter
140 g Zucker
125 g Mandelmehl
125 g Quark
(20 % Fettanteil)
Mark von 1 Vanilleschote
Abrieb von ½ Bio-Orange
3 EL Amaretto
1 Prise Salz

Außerdem:

Butter für die Form
Puderzucker zum Bestäuben

Den Backofen auf 190 °C vorheizen. Den Boden der Springform mit Backpapier auslegen, den Rand sorgfältig buttern.

Die Eier trennen. Die Eigelbe in einer Schüssel mit der Butter und dem Zucker schaumig rühren. Mandelmehl, Quark, Vanillemark, Orangenabrieb und Amaretto unterrühren. Die Eiweiße mit dem Salz steif schlagen und anschließend behutsam unterheben.

Den Teig in die Springform füllen und glatt streichen. Im Ofen ca. 45 Minuten backen. Sollte die Topfentorte zu dunkel werden, den Kuchen in den letzten 15 Minuten mit Backpapier abdecken. Aus dem Ofen nehmen, kurz abkühlen lassen, dann den Springformrand entfernen und die Torte komplett auskühlen lassen. Mit reichlich Puderzucker bestäubt servieren.

TARTELETTES MIT SCHOKOFÜLLUNG

Für den Boden Mehl mit gemahlenen Haselnüssen, Puderzucker, Butter und Frischkäse in einer Schüssel mischen und zu einem geschmeidigen Teig verkneten. Zu einer Kugel formen, in Frischhaltefolie wickeln und für 1 Stunde in den Kühlschrank legen.

Für die Füllung Frischkäse und Schokoladencreme miteinander zu einer cremigen Masse verrühren. Beide Zucker, Sahne und Ei nicht zu lange untermischen, nur bis eine glatte Creme entstanden ist.

Den Backofen auf 170 °C vorheizen. Die Tarteletteförmchen buttern und mit etwas Mehl ausstäuben, überschüssiges Mehl herausklopfen. Den Teig auf der bemehlten Arbeitsfläche ca. 3 mm dünn ausrollen und daraus 8–10 Kreise ausstechen oder -schneiden, die etwas größer als die Förmchen sind. Die Förmchen komplett mit den Teigkreisen auskleiden und die Böden mehrfach mit einer Gabel einstechen.

Die Füllung bis kurz unter den Rand der Förmchen auf den Teigböden verteilen und glatt streichen. Die Tartelettes ca. 30 Minuten backen. Sollten die Teigränder zu dunkel werden, die Tartelettes in den letzten 5 Minuten mit Backpapier abdecken. Anschließend aus dem Ofen nehmen, auskühlen lassen und 2 Stunden im Kühlschrank kalt stellen.

Für das Topping kurz vor dem Servieren die Sahne mit dem Zucker steif schlagen. Nach Belieben in einen Spritzbeutel füllen und die Tartelettes damit garnieren. Mit gehackten Haselnüssen bestreuen.

FÜR 8–10 TARTELETTE-FÖRMCHEN (Ø 10 CM)

Für den Boden:

140 g Mehl

90 g gemahlene Haselnüsse

75 g Puderzucker

75 g zimmerwarme Butter

75 g Doppelrahm-Frischkäse

Für die Füllung:

350 g Doppelrahm-Frischkäse

100 g Schokoladencreme (Glas)

50 g Zucker

1 Pck. Vanillezucker

75 ml Sahne

1 Ei

Für das Topping:

250 ml Sahne

25 g feiner Zucker

80 g gehackte Haselnüsse

Außerdem:

Butter und Mehl für die Förmchen

Mehl für die Arbeitsfläche

BLAUBEER-BLONDIES

**FÜR 12 BLONDIES
BZW. 1 BACKFORM
(CA. 20 X 26 CM)**

Für den Teig:

150 g weiße Schokolade
125 g Butter
*200 g Blaubeeren (alter-
nativ TK-Blaubeeren, nicht
aufgetaut)*
4 Eier (Größe L)
80 g Zucker
1 Pck. Vanillezucker
125 g Mehl
1 Prise Salz
Abrieb von ½ Bio-Zitrone

Für die Glasur:

*150 g weiße Schokoladen-
kuvertüre*

Den Backofen auf 180 °C vorheizen. Die Backform mit Backpapier auslegen. Für den Teig die Schokolade in Stücke brechen und über dem nicht allzu heißen Wasserbad unter gelegentlichem Rühren schmelzen. Die Butter zerlassen. Anschließend beides leicht abkühlen lassen. Die Blaubeeren verlesen, vorsichtig waschen und trocken tupfen.

Eier, Zucker und Vanillezucker in einer Schüssel dickschaumig schlagen. Die abgekühlte Schokolade und die zerlassene Butter unterrühren. Mehl und Salz zufügen und nur kurz untermischen, bis ein homogener Teig entstanden ist. Zitronenabrieb und Blaubeeren vorsichtig unterheben.

Den Teig gleichmäßig in die Backform füllen und ca. 25 Minuten im Ofen backen (Stäbchenprobe machen!). Anschließend herausnehmen und in der Form auskühlen lassen.

Für die Glasur die Kuvertüre unter gelegentlichem Rühren über dem heißen Wasserbad schmelzen. Dann gleichmäßig auf dem ausgekühlten Blondie verteilen. Nach Belieben ein Wellenmuster einarbeiten. Die Glasur fest werden lassen und den Blondie in 6–7 cm große Stücke schneiden.

FEEL-GOOD-TIPP

SEI DANKBAR

Viele Dinge sind für uns so selbstverständlich, dass wir
gar nicht merken, wie viel sie uns bedeuten. Sei dankbar
für all das, was du hast. Das kann eine liebevolle Familie,
ein treuer Freund oder eine treue Freundin, Gesund-
heit, ein erfüllender Job, ein interessantes Hobby oder
ein schönes Zuhause sein – was dir besonders am Herzen
liegt, weißt du am besten. Dabei musst du gar nicht
so „groß" denken, manchmal sind es auch einfach ein
Stück frisch gebackener Kuchen oder ein sonniger
Nachmittag in der Natur.

MACADAMIA-ECKEN

Für den Teig Butter, Zucker und Vanillezucker in einer Schüssel cremig rühren. Ei und Eigelb untermischen. Das Mehl mit Backpulver und Zimt vermengen, zugeben und alles zu einem glatten Teig verkneten. Den Teig zu einer Kugel formen, in Frischhaltefolie wickeln und 30 Minuten kalt stellen.

Den Backofen auf 190 °C vorheizen, das Backblech mit Butter fetten. Für die Nussmasse die Macadamias im Mixer fein mahlen. Dabei die Nüsse immer wieder mit dem Teigschaber von der Wand des Mixers nach unten schieben. Butter, Zucker, Zimt und 2 EL Wasser kurz in einem Topf aufkochen, bis sich der Zucker aufgelöst hat. Die gemahlenen Macadamias und die Mandeln zugeben und alles gut verrühren.

Den Teig auf der bemehlten Arbeitsfläche sehr dünn ausrollen und das Blech damit komplett auslegen. Den Teig mit einer Gabel mehrmals einstechen und dünn mit Erdbeerkonfitüre bestreichen. Die Nussmasse gleichmäßig darauf verteilen. Das Blech in den Ofen schieben und in 15–18 Minuten goldbraun backen.

Herausnehmen und den Teig noch heiß zunächst in gleich große Quadrate (ca. 10 cm), dann in Dreiecke schneiden (am besten nimmt man dazu ein scharfes, dünnes Messer, das nach jedem Schnitt in kochend heißes Wasser getaucht wird). Die Macadamia-Ecken abkühlen lassen. Die Kuvertüre über dem heißen Wasserbad schmelzen und die Dreiecke damit an den zwei langen Ecken bepinseln. Die Kuvertüre fest werden lassen.

FÜR CA. 30 ECKEN

Für den Teig:

100 g weiche Butter
85 g Zucker
1 Pck. Vanillezucker
1 Ei
1 Eigelb
200 g Mehl
1 TL Backpulver
1/4 TL gemahlener Zimt

Für die Nussmasse:

125 g gesalzene, geröstete Macadamianüsse
125 g Butter
125 g Zucker
1 Prise gemahlener Zimt
125 g blanchierte gemahlene Mandeln

Außerdem:

leistungsstarker Mixer
weiche Butter für das Blech
Mehl für die Arbeitsfläche
ca. 125 g Erdbeerkonfitüre (ohne Stückchen)
200 g weiße Kuvertüre

CHOCOLATE CHEESECAKE

FÜR 1 SPRINGFORM
(Ø 20 CM)

Für den Boden:

60 g Butterkekse

40 g Haselnüsse, geröstet

35 g Butter

1 TL Kakao

45 g Zartbitterschokolade

Für die Füllung:

200 ml Sahne

1½ EL Kakao

1 Prise Salz

230 g Schokolade

*20 ml frisch gebrühter
Espresso*

*440 g Doppelrahm-
Frischkäse*

100 g Rohrohrzucker

2 Eier

Außerdem:

Butter für die Form

Kakaopulver zum Bestäuben

*Nach Belieben Cacao Nibs
zum Garnieren*

Den Ofen auf 190 °C vorheizen. Den Boden der Springform mit Backpapier auslegen und den Rand buttern.

Für den Boden die Kekse in einen Gefrierbeutel geben und mit dem Nudelholz fein zerstoßen. Die Haselnüsse im Mixer mahlen, die Butter zerlassen und alles mischen. Die Masse mit Kakao vermengen, gleichmäßig auf dem Boden der Form verteilen und gut andrücken. Ca. 8 Minuten backen, anschließend aus dem Ofen nehmen und kurz abkühlen lassen. Die Schokolade über dem heißen Wasserbad schmelzen und auf dem Boden verstreichen. Die Form von außen sorgfältig mit Alufolie abdichten und in den Kühlschrank stellen. Die Ofentemperatur auf 180 °C reduzieren.

Für die Füllung 100 ml Sahne, Kakao und Salz aufkochen. Die Schokolade in Stücke brechen und unter Rühren langsam in der heißen Sahnemischung schmelzen. Beiseitestellen und leicht abkühlen lassen, dann die restliche Sahne und den Espresso unterrühren. Frischkäse, Zucker und Eier in einer Schüssel cremig rühren. Die Schokoladensahne nach und nach zugießen und dabei gut untermischen. Die Füllung auf den Schokoladenboden gießen.

Die Springform in ein tiefes Backblech stellen und dieses ca. 2 cm hoch mit heißem Wasser füllen. Den Kuchen im Wasserbad 50–60 Minuten backen. Den Ofen ausschalten, die Tür leicht öffnen und den Kuchen 1 Stunde im Ofen ruhen lassen. Anschließend herausnehmen, von der Alufolie befreien und auskühlen lassen. Mit Frischhaltefolie abgedeckt für mindestens 4 Stunden oder über Nacht in den Kühlschrank stellen. Vor dem Servieren mit Kakaopulver bestäuben und nach Belieben mit Cacao Nibs bestreuen.

A

Ahornsirup 35

Amaretto 66

B

Beeren, gemischt 26, 53

Beeren-Pavlova 26

Berry Sponge Cake 53

Blaubeer-Blondies 70

Blaubeeren 29, 70

Brombeeren 42

Brombeer-Mascarpone-Tartelettes 42

Butterkekse 8, 29, 39, 76

Buttermilch 20, 25, 54

Buttermilch-Mandel-Gugelhupf 20

C

Carrot Cake 46

Cashewkerne 35

Cassis-Cupcakes 25

Cassissirup 25

Cheesecake-Törtchen 39

Chocolate Cheesecake 76

Crème fraîche 45

D

Datteln 35

Double Chocolate Brownie Bites 19

E

Erdbeeren 11

Erdbeerkonfitüre 75

Erdbeer-Scones 11

Espresso 76

F

Feigen 35

Frischkäse 8, 25, 29, 36, 39, 46, 54, 69, 76

Frozen Cheesecake 29

H

Haferflocken 63

Haferflockenkekse 63

Haselnüsse 16, 29, 36, 46, 69, 76

Hefe 60

Himbeerkonfitüre 26, 53

Honig 20, 29

J

Joghurt 29

Johannisbeeren 25, 45, 60

Johannisbeer-Schnecken 60

Johannisbeer-Zitronen-Kuchen 45

K

Kaffee 19

Kakao 12, 19, 30, 54, 76

Kardamom 60

Kirschen 59

Kokosmilch 35

Kokosraspel 63

L

Limette 16

M

Macadamia-Ecken 75

Macadamianüsse 75

Mandelmus 63

Mandeln 20, 25, 35, 42, 45, 46, 63, 75

Marzipan 50

Marzipan-Ricotta-Kuchen 50

Mascarpone 29, 42

Mohn 59

Möhren 46

N

New York Cheesecake 8

O

Orange 30, 50, 54, 66

P

Pinienkerne 11, 50

Q

Quark 12, 30, 39, 59, 66

Quark-Mohn-Kuchen 59

R

Rhabarber 36

Rhabarber-Tarte 36

Ricotta 50

Russische Zupftorte 12

S

Sahne 8, 26, 42, 53, 69, 76

Schmand 59

Schokolade 19, 30, 36, 42, 69, 70, 76

Schoko-Quark-Gugelhupf 30

Stachelbeer-Baiser-Tarte 16

Stachelbeeren 16

T

Tartelettes mit Schokofüllung 69

V

Vanille 8, 16, 19, 26, 29, 30, 35, 36, 42, 45, 46, 54, 66

Veganer Cashew-Käse-Kuchen 35

W

Waldbeeren 20

Walnüsse 35

Whoopies mit Frischkäse-Füllung 54

Wiener Topfentorte 66

Z

Zimt 8, 30, 39, 46, 60, 63, 75

Zitrone 8, 11, 20, 25, 26, 29, 35, 39, 45, 46, 50, 53, 59, 60, 70

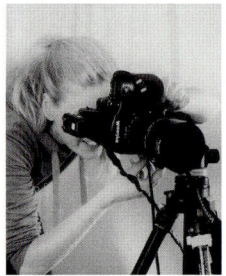

CHRISTIN GEWEKE ist freie Kochbuch-Redakteurin, zuvor war sie als Lektorin in verschiedenen Verlagshäusern tätig. Neben dem Schreiben gehören vor allem das Backen und Kochen zu ihren großen Leidenschaften. Daher steht sie auch in jeder freien Minute in der Küche und tüftelt an neuen Rezepten. Mit Familie und Katze lebt sie in der Nähe von Celle auf dem Land.

FRAUKE ANTHOLZ ist als freie Food-Fotografin tätig. Am liebsten steht sie selbst in der Küche, kocht, backt und stylt, bevor sie mit viel Liebe zum Detail den Moment einfängt. Ihre Fotografien erscheinen regelmäßig in Magazinen und Büchern. Sie lebt in der Nähe von Kiel und genießt während der Arbeit den entspannten Blick auf Wald und Wiese.

5 4 3 2   26 25 24 23 22

ISBN 978-3-88117-285-1

Rezepte: Christin Geweke
Covergestaltung, Layout und Satz: Stefanie Wawer
Rezeptfotografie: Frauke Antholz
Moodfotografie: shutterstock
Litho: FSM Premedia GmbH & Co. KG

© 2022 Hölker Verlag in der Coppenrath Verlag GmbH & Co. KG,
Hafenweg 30, 48155 Münster, Germany
Alle Rechte vorbehalten, auch auszugsweise

www.hoelker-verlag.de

Für mehr Rezepte, Inspirationen und Einblicke aus dem Verlag folgen Sie auch unserem **Instagram-Kanal: @hoelkerverlag**